AF607297
AVERSO

ÁRBOLES DE INVIERNO

SYLVIA PLATH

TRADUCCIÓN: DANIELA MARTÍN HIDALGO

Número 51 de la Colección **AVERSO POESÍA**

Árboles de invierno

Título original: Winter Trees

Edición al cuidado de Averso Poesía

www.aversopoesia.com

hola@aversopoesia.com

Primera edición: septiembre de 2025
ISBN: 979-13-990436-6-2
Depósito Legal:1190-2025

Impreso en España - *Printed in Spain*

El papel utilizado para la impresión de este libro está calificado como papel ecológico y procede de bosques gestionados de manera sostenible.

ÁRBOLES DE INVIERNO

SYLVIA PLATH

TRADUCCIÓN: DANIELA MARTÍN HIDALGO

PRÓLOGO A LA TRADUCCIÓN

Winter trees agrupa algunos de los poemas escritos por la poeta Sylvia Plath (Boston, 1932-Londres, 1963) entre marzo de 1962 y febrero de 1963, organizados de manera no cronológica tras su muerte por el poeta Ted Hughes y publicados por primera vez en 1971. Están escritos durante unos meses poéticamente muy prolíficos de la vida de Plath tras el nacimiento de su segundo hijo, Nicholas, en enero de 1962, en un periodo que abarca su separación de Hughes, en octubre del mismo año, y la publicación de la novela *The bell jar* (*La campana de cristal*) el 14 de enero de 1963, a la que sucedería en apenas un mes su suicidio el 11 de febrero.

Los poemas de *Árboles de invierno* son densos, manifestaciones de un imaginario poderoso, oscuro e irracional donde elementos de la naturaleza como árboles, cisnes, flores, vencejos, setos y, por supuesto, abejas —tan bien conocidas por Plath gracias al trabajo de su padre, profesor de biología y entomólogo— están muy presentes. La sexualidad y la maternidad con sus temas relacionados —deseo, aborto, crianza, infertilidad— ocupan un lugar preeminente en ellos, en versos donde las fuerzas escondidas y femeninas de la vida se presentan como pujando desde la tierra y en lucha contra la violencia, el poder y la muerte característicos de la sociedad patriarcal, así como contra las normas impuestas sobre las mujeres y la explotación de sus cuerpos. Son versos que parecen culminar la voluntad de Plath por llegar a ser una escritora de pleno derecho, lo que suponía tener que lidiar con las dificultades resultado de los mandatos de su tiempo respecto a la femineidad y las presiones de un mundo literario donde su obra no llegó a ser fácilmente comprendida.

En una época en la que el destino de clase para mujeres como Plath era ser felices y satisfechas esposas, madres y amas de casa, pero donde la poeta escribe el 9 de octubre de 1962 «[d]ebo crear una vida del todo independiente, tan deprisa como pueda… […] Tengo bastante claro lo que quiero»,[1] estos poemas reflejan además el incansable trabajo de corrección, reescritura, dominio de referencias literarias y culturales, junto con la ardua labor por afinar el funcionamiento del verso y el poema —rima y ritmo, repeticiones, recursos fónicos y construcción de metáforas— que Plath llevó a cabo en los últimos meses de su vida, levantándose a diario a las cuatro de la mañana para poder dedicarse a escribir antes de que sus hijos despertaran.

Resulta indispensable rescatar ese esfuerzo de «disciplina artesanal», como lo califica Heather Clark en *Cometa rojo,* monumental biografía sobre la poeta publicada en el año 2022 y en la que, a la representación de Plath como mito trágico de la poesía, Clark opone multitud de argumentos para la reconstrucción

1. *Cartas a mi madre.* Barcelona: Grijalbo, 1989, p. 352. Trad. de Montserrat Abelló y Mireia Bofill.

de la figura de una escritora consciente de su ocupación intelectual:

> Desde su suicidio en 1963, Sylvia Plath se ha convertido en un símbolo paradójico de poder e impotencia femeninos, y ha sido fagocitada por su propia vida después de morir. Atrapada en un limbo entre icono y cliché, se la ha mitificado y patologizado en películas, series y biografías como una gran sacerdotisa de la poesía obsesionada con la muerte. [...] Todavía hay muchos perfiles de Plath que la presentan como una desequilibrada sacerdotisa de la poesía. [...] Plath se consideraba un tipo de «hechicera» diferente: «Soy una excelente sacerdotisa de lo intelectual», escribió a su amigo Mel Woody en julio de 1954.[2]

Las luces y las sombras de la vida de la poeta, que tal vez incluyan esa aspiración a la perfección cumplida con su muerte que señala Joanna Russ,[3] no menoscaban, pues, su compromiso con la escritura, su conocimiento poético —aunque fuera exclusivamente europea y, en su mayoría, anglosajona—, la durable fuerza emocional y artística de sus textos, así como el valor incontestable de su obra y de este poemario en concreto, para cuya traducción he seguido la edición de 1971, publicada por la londinense Faber & Faber. Y es que, como concluye Clark en su introducción, «la mejor poesía de Plath es tan estética, revolucionaria y

---

2. *Cometa rojo. Arte incandescente y vida fugaz de Sylvia Plath*. Valencia: Bamba, 2022, p. 20. Trad. de Gudrun Palomino y Julia Viejo.

3. *Cómo acabar con la escritura de las mujeres*. Madrid: Dos Bigotes, p. 50. Trad. de Gloria Fortún.

fiel reflejo de su época como la poesía de sus ídolos: W. B. Yeats y T. S. Eliot. Merece ser recordada por la trascendencia y la innovación de sus poemas, en lugar de por abrir la llave del gas de la cocina».[4] Es decir, por su valor histórico y artístico, pero también por su fe en la poesía como un espacio para el amor, el pensamiento y la imaginación incluso en mitad del caos, la depresión y el desamor.

La traductora

---

4. *Cometa rojo*, p. 22.

WINTER TREES

ÁRBOLES DE INVIERNO

WINTER TREES

The wet dawn inks are doing their blue dissolve.
On their blotter of fog the trees
Seem a botanical drawing —
Memories growing, ring on ring,
A series of weddings.

Knowing neither abortions nor bitchery,
Truer than women,
They seed so effortlessly!
Tasting the winds, that are footless,
Waist-deep in history —

Full of wings, otherworldliness.
In this, they are Ledas.
O mother of leaves and sweetness
Who are these pietas?
The shadows of ringdoves chanting,
but easing nothing.

ÁRBOLES DE INVIERNO

Las tintas del húmedo amanecer lavan su azul.
En su secante de niebla los árboles
semejan un dibujo botánico:
recuerdos que avanzan, anillo tras anillo,
una serie de bodas.

Sin saber de abortos ni malignidad,
más sinceros que las mujeres,
¡siembran con tan poco esfuerzo!
Paladeando los vientos, que carecen de pies,
hundidos hasta la cintura en la historia.

Repletos de alas, de otro mundo.
Son Ledas en eso.
Oh, madre de las hojas y la dulzura,
¿quiénes son estas piedades?
Sombras de tórtolas que salmodian,
pero que nada alivian.

CHILD

Your clear eye is the one absolutely beautiful thing.
I want to fill it with colour and ducks,
The zoo of the new

Whose names you meditate —
April snowdrop, Indian pipe,
Little

Stalk without wrinkle,
Pool in which images
Should be grand and classical

Not this troublous
Wringing of hands, this dark
Ceiling without a star.

NIÑO

Tu claro ojo es lo único del todo bello.
Quiero llenarlo de color y patos,
el zoo de lo nuevo

cuyos nombres cavilas:
campanilla de invierno, pipa de indio,
tallo

pequeño sin pliegues,
estanque donde las imágenes
deberían ser fabulosas y clásicas

no este tumultuoso
retorcer de manos, este techo
oscuro sin estrellas.

BRASILIA

Will they occur,
These people with torsos of steel
Winged elbows and eyeholes

Awaiting masses
Of cloud to give them expression,
These super-people! —

And my baby a nail
Driven, driven in.
He shrieks in his grease

Bones nosing for distances.
And I, nearly extinct,
His three teeth cutting

Themselves on my thumb —
And the star,
The old story.

In the lane I meet sheep and wagons,
Red earth, motherly blood.
O You who eat

People like light rays, leave
This one
Mirror safe, unredeemed

By the dove's annihilation,
The glory
The power, the glory.

BRASILIA

¿Existirán alguna vez,
estos seres de torsos de acero,
codos alados y órbitas

esperando a las masas
de nubes para darles expresión,
estas superpersonas?

Y mi niño un clavo
cada vez más incrustado.
Chilla en sus engrasados

huesos olfateando distancias.
Y yo, casi extinta,
sus tres dientes brotando

de mi pulgar,
y la estrella,
la vieja historia.

En el camino me encuentro ovejas y carros,
tierra roja, sangre maternal.
Oh, Tú, que comes

gente como a rayos de luz, deja
a este solo
espejo a salvo, irredento

por la aniquilación de la paloma,
la gloria,
el poder y la gloria.

GIGOLO

Pocket watch, I tick well.
The streets are lizardy crevices
Sheer-sided, with holes where to hide.
It is best to meet in a cul-de-sac,

A palace of velvet
With windows of mirrors.
There one is safe,
There are no family photographs,

No rings through the nose, no cries
Bright fish hooks, the smiles of women
Gulp at my bulk
And I, in my snazzy blacks,

Mill a litter of breasts like jellyfish.
To nourish
The cellos of moans I eat eggs —
Eggs and fish, the essentials,

The aphrodisiac squid.
My mouth sags,
The mouth of Christ
When my engine reaches the end of it.

The tattle of my
Gold joints, my way of turning
Bitches to ripples of silver
Rolls out a carpet, a hush.

GIGOLÓ

Reloj de bolsillo, marcho bien.
Las calles son escarpadas hendiduras
de lagarto con agujeros donde esconderse.
Es mejor citarse en un callejón sin salida,

un palacio de terciopelo
con ventanas de espejos.
Allí se está a salvo,
sin fotos familiares,

sin aros en la nariz, sin gritos,
brillantes anzuelos, las sonrisas de las mujeres
engullen mi bulto
y yo, de negro vistoso,

me trajino a un reguero de pechos como medusas.
Para alimentar
los chelos de los gemidos me como huevos:
huevos y pescado, los imprescindibles,

el calamar afrodisiaco.
Mi boca se hunde,
la boca de Cristo,
cuando se me agotan las fuerzas.

La delación de mis
doradas articulaciones, mi manera de volver
a las putas ondas de plata,
despliega una alfombra, una quietud.

And there is no end, no end of it.
I shall never grow old. New oysters
Shriek in the sea and I
Glitter like Fontainebleau

Gratified,
All the fall of water an eye
Over whose pool I tenderly
Lean and see me.

Y no tiene un final, ningún final.
Nunca envejeceré. Almejas nuevas
aúllan en el mar y yo
fulguro satisfecho

cual Fontainebleau,
toda la caída del agua un ojo
sobre cuyo estanque me inclino
con suavidad y me contemplo.

CHILDLESS WOMAN

The womb
Rattles its pod, the moon
Discharges itself from the tree with nowhere to go.

My landscape is a hand with no lines,
The roads bunched to a knot,
The knot myself,

Myself the rose you achieve —
This body,
This ivory

Ungodly as a child's shriek.
Spiderlike, I spin mirrors,
Loyal to my image,

Uttering nothing but blood —
Taste it, dark red!
And my forest

My funeral,
And this hill and this
Gleaming with the mouths of corpses.

MUJER SIN HIJOS

La matriz
sacude su vaina, la luna
se vierte del árbol sin un lugar a donde ir.

Mi paisaje es una mano sin líneas,
los caminos se juntan en un nudo,
yo ese nudo,

yo la rosa que alcanzas:
este cuerpo,
este marfil,

infame como el grito de un niño.
Como una araña tejo espejos,
fiel a mi imagen,

no pronunciando más que sangre:
¡pruébala, es roja oscura!
Y mi bosque,

mi funeral,
y esta colina y este
refulgir con las bocas de los cadáveres.

PURDAH

Jade —
Stone of the side,
The agonized

Side of green Adam, I
Smile, cross-legged,
Enigmatical,

Shifting my clarities.
So valuable!
How the sun polishes this shoulder!

And should
The moon, my
Indefatigable cousin

Rise, with her cancerous pallors,
Dragging trees —
Little bushy polyps,

Little nets,
My visibilities hide.
I gleam like a mirror.

At this facet the bridegroom arrives
Lord of the mirrors!
It is himself he guides

In among these silk
Screens, these rustling appurtenances.

PURDAH

Jade:
piedra del costado,
del costado agónico

del verde Adán,
sonrío, cruzada de piernas,
enigmática,

descorriendo mis transparencias.
¡Tan preciosas!
¡Cómo pule el sol este hombro!

Y la luna,
mi infatigable
prima, debería

alzarse con su cancerosa palidez,
arrastrando árboles,
pequeños pólipos tupidos,

pequeñas redes
que ocultan mis visibilidades.
Fulguro como un espejo.

Por este lado llega el novio,
¡señor de los espejos!
Es él, él quien hace de guía

por entre estas pantallas
de seda, estas dependencias que susurran.

I breathe, and the mouth

Veil stirs its curtain
My eye
Veil is

A concatenation of rainbows.
I am his.
Even in his

Absence, I
Revolve in my
Sheath of impossibles,

Priceless and quiet
Among these parakeets, macaws!
O chatterers

Attendants of the eyelash!
I shall unloose
One feather, like the peacock.

Attendants of the lip!
I shall unloose
One note

Shattering
The chandelier
Of air that all day flies

Its crystals
A million ignorants.

Respiro, y el velo

de la boca agita su cortina,
la cortina
de mi ojo es

una concatenación de arcoíris.
Soy suya.
Incluso en su

ausencia,
me revuelvo en mi
estuche de imposibilidades,

inestimable y callada
entre estos periquitos, ¡guacamayos!
¡Oh, charlatanes,

séquito de la pestaña!
Dejaré caer
una pluma, como el pavo real.

¡Séquito del labio!
Dejaré caer
una nota

haciendo añicos
la araña de aire
que todo el día hace volar

sus cristales,
millón de ignorantes.

Attendants!

Attendants!
And at his next step
I shall unloose

I shall unloose —
From the small jewelled
Doll he guards like a heart —

The lioness,
The shriek in the bath,
The cloak of holes.

¡Séquito!

¡Séquito!
Y en su próximo paso
dejaré caer

dejaré caer
—desde una pequeña muñeca
enjoyada que él guarda como un corazón—

a la leona,
el grito en el baño,
el manto de agujeros.

THE COURAGE OF SHUTTING-UP

The courage of the shut mouth, in spite of artillery!
The line pink and quiet, a worm, basking.
There are black discs behind it, the discs of outrage,
And the outrage of a sky, the lined brain of it.
The discs revolve, they ask to be heard —

Loaded, as they are, with accounts of bastardies.
Bastardies, usages, desertions and doubleness,
The needle journeying in its groove,
Silver beast between two dark canyons,
A great surgeon, now a tattooist,

Tattooing over and over the same blue grievances,
The snakes, the babies, the tits
On mermaids and two-legged dreamgirls.
The surgeon is quiet, he does not speak.
He has seen too much death, his hands are full of it.

So the discs of the brain revolve, like the muzzles of cannon.
Then there is that antique billhook, the tongue,
Indefatigable, purple. Must it be cut out?
It has nine tails, it is dangerous.
And the noise it flays from the air, once it gets going!

No, the tongue, too, has been put by,
Hung up in the library with the engravings of Rangoon
And the fox heads, the otter heads,
    the heads of dead rabbits.
It is a marvellous object —
The things it has pierced in its time.

EL ARROJO DE CALLAR

¡El arrojo de la boca cerrada, pese a la artillería!
La línea rosa y callada, un gusano, que se solaza.
Hay discos negros tras ella, los discos de la saña,
y la saña de un cielo, su cerebro pautado.
Los discos giran —piden ser escuchados—,

cargados como están con los inventarios de las bastardías.
Bastardías, costumbres, deserciones y dobleces,
la aguja viajando en su surco,
bestia plateada entre dos oscuros desfiladeros,
un gran cirujano, tatuador ahora,

que tatúa y tatúa las mismas quejas azules,
las serpientes, los niños y las tetas
en sirenas y bípedas muchachas de ensueño.
El cirujano está callado, no habla.
Ha visto demasiada muerte, llenas sus manos de ella.

Así que los discos del cerebro giran como bocas de cañón.
Y además está ese antiguo corchete, la lengua
infatigable, violeta. ¿Debería cortarse?
Tiene nueve rabos, es peligrosa.
Y el ruido que desuella del aire al ponerse en marcha.

No, también han seccionado la lengua,
cuelga en la biblioteca con los grabados de Rangún,
con cabezas de zorro, cabezas de nutria,
    cabezas de conejos muertos.
Es un objeto maravilloso:
la de cosas que en su momento agujereó.

But how about the eyes, the eyes, the eyes?
Mirrors can kill and talk, they are terrible rooms
In which a torture goes on one can only watch.
The face that lived in this mirror is the face
    of a dead man.
Do not worry about the eyes —

They may be white and shy, they are no stool pigeons,
Their death rays folded like flags
Of a country no longer heard of,
An obstinate independency
Insolvent among the mountains.

Pero ¿qué hay de los ojos, los ojos, los ojos?
Los espejos pueden matar y hablar, hay cuartos terribles
en los que continúa una tortura que sólo puede mirarse.
El rostro que vivió en ese espejo es el rostro
    de un hombre muerto.
No te preocupes por los ojos:

podrían ser blancos y tímidos, no son unos soplones,
sus rayos muertos plegados como banderas
de un país del que ya nada se sabe,
una obstinada independencia
insolvente entre las montañas.

THE OTHER

You come in late, wiping your lips.
What did I leave untouched on the doorstep —

White Nike,
Streaming between my walls?

Smilingly, blue lightning
Assumes, like a meathook, the burden of his parts.

The police love you, you confess everything.
Bright hair, shoe-black, old plastic,

Is my life so intriguing?
Is it for this you widen your eye-rings?

Is it for this the air motes depart?
They are not air motes, they are corpuscles.

Open your handbag. What is that bad smell?
It is your knitting, busily

Hooking itself to itself,
It is your sticky candies.

I have your head on my wall.
Navel cords, blue-red and lucent,

Shriek from my belly like arrows, and these I ride.
O moon-glow, o sick one,

LA OTRA

Llegas tarde, limpiándote los labios.
¿Qué dejé intacto en el umbral,

Niké blanca
que corres entre mis paredes?

Con una sonrisa, relámpago azul,
sostienes, cual gancho de carnicero, el peso de sus partes.

La policía te estima, confiesas todo.
Pelo brillante, zapato negro, plástico viejo,

¿tan fascinante resulta mi vida?
¿Es por eso que dilatas tus anillos oculares?

¿Es por eso que escapan las briznas de aire?
No son briznas de aire, son corpúsculos.

Abre el bolso. ¿Qué es lo que huele tan mal?
Es tu labor de punto, con afán

tejiéndose a sí misma,
son tus caramelos masticables.

Tengo tu cabeza en la pared.
Cordones umbilicales color azul rojizo y lustroso,

el grito de mi vientre como flechas es lo que cabalgo.
Oh, resplandor de la luna, oh, la enferma,

The stolen horses, the fornications
Circle a womb of marble.

Where are you going
That you suck breath like mileage?

Sulphurous adulteries grieve in a dream.
Cold glass, how you insert yourself

Between myself and myself.
I scratch like a cat.

The blood that runs is dark fruit —
An effect, a cosmetic.

You smile.
No, it is not fatal.

los caballos robados, las fornicaciones
que giran en torno a un útero de mármol.

¿A dónde vas
que chupas la respiración como un viático?

Adulterios de azufre se duelen en un sueño.
Cristal frío, cómo te insertas

entre mí y yo misma.
Me rasco como un gato.

La sangre que corre es un fruto oscuro,
un efecto, un cosmético.

Sonríes.
No, no es letal.

STOPPED DEAD

A squeal of brakes.
Or is it a birth cry?
And here we are, hung out over the dead drop
Uncle, pants factory Fatso, millionaire.
And you out cold beside me in your chair.

The wheels, two rubber grubs,
    bite their sweet tails.
Is that Spain down there?
Red and yellow, two passionate hot metals
Writhing and sighing, what sort of a scenery is it?
It isn't England, it isn't France, it isn't Ireland.

It's violent. We're here on a visit,
With a goddam baby screaming off somewhere.
There's always a bloody baby in the air.
I'd call it a sunset, but
Whoever heard a sunset yowl like that?

You are sunk in your seven chins, still as a ham.
Who do you think I am,
Uncle, uncle?
Sad Hamlet, with a knife?
Where do you stash your life?

Is it a penny, a pearl —
Your soul, your soul?
I'll carry it off like a rich pretty girl,
Simply open the door and step out of the car
And live in Gibraltar on air, on air.

PARADA EN SECO

Un chirrido de frenos,
¿o es un llanto al nacer?
Y aquí estamos, pasando el rato con
el tío del punto de entrega, pantalones Seboso, millonario.
Y tú a mi lado, impávido en la silla.

Las ruedas, dos larvas de caucho,
    se muerden las adorables colas.
¿Es España aquello a lo lejos?
Rojo y gualda, dos intensos metales ardientes
que se retuercen y suspiran, ¿qué paisaje es este?
No es Inglaterra, ni Francia, ni Irlanda.

Es un lugar violento. Estamos aquí de visita,
con un maldito niño gritando en alguna parte.
Siempre ha habido un condenado niño por ahí.
Lo llamaría crepúsculo, pero
¿quién ha oído a un crepúsculo gemir de esa manera?

Te has hundido en tu papada, como un teatrero aún.
¿Quién te crees que soy,
tío, tío?
¿Un triste Hamlet con un cuchillo?
¿Dónde encubres tu vida?

Tu alma, tu alma,
¿un penique, una perla?
Me la pondré como una bella muchacha rica,
sólo abre la puerta y sal del coche
y vive del aire, sólo del aire, en Gibraltar.

THE RABBIT CATCHER

It was a place of force —
The wind gagging my mouth with my own blown hair,
Tearing off my voice, and the sea
Blinding me with its lights, the lives of the dead
Unreeling in it, spreading like oil.

I tasted the malignity of the gorse,
Its black spikes,
The extreme unction of its yellow candle-flowers.
They had an efficiency, a great beauty,
And were extravagant, like torture.

There was only one place to get to.
Simmering, perfumed,
The paths narrowed into the hollow.
And the snares almost effaced themselves —
Zeroes, shutting on nothing,

Set close, like birth pangs.
The absence of shrieks
Made a hole in the hot day, a vacancy.
The glassy light was a clear wall,
The thickets quiet.

I felt a still busyness, an intent.
I felt hands round a tea mug, dull, blunt,
Ringing the white china.
How they awaited him, those little deaths!
They waited like sweethearts. They excited him.

EL CAZADOR DE CONEJOS

Era un lugar de violencia,
el viento me amordazaba con mi propio pelo revuelto,
arrancándome la voz, y el mar
me cegaba en sus luces, las vidas de los muertos
desplegándose en él, extendiéndose como petróleo.

Saboreé la malignidad del tojo,
sus negras espinas,
la extremaunción de sus candelillas color amarillo.
Tenían una eficiencia, una enorme belleza,
y eran extravagantes como la tortura.

Había sólo un lugar al que ir.
Cociéndose lentos y perfumados,
los senderos se estrechaban hasta la hondonada.
Y las trampas casi se habían borrado,
ceros cercando nada,

cercanas como contracciones de un parto.
La ausencia de gritos
excavaba un agujero en el cálido día, una cavidad.
La luz vidriosa un muro transparente,
los matorrales callaban.

Sentía un afán quieto, una intención.
Sentía unas manos deslucidas, romas,
    alrededor de una taza de té,
tañendo la porcelana blanca.
¡Cómo lo esperaron, aquellos pequeños muertos!
Aguardaban como amantes, lo incitaban.

And we, too, had a relationship —
Tight wires between us,
Pegs too deep to uproot,
    and a mind like a ring
Sliding shut on some quick thing,
The constriction killing me also.

También nosotros tuvimos una relación,
tensos alambres entre nosotros,
estacas demasiado profundas para arrancarlas
    y una mente como un anillo,
apretándose hasta atrapar algo rápido,
tanta coerción matándome del mismo modo.

MYSTIC

The air is a mill of hooks —
Questions without answer,
Glittering and drunk as flies
Whose kiss stings unbearably
In the fetid wombs of black air under pines in summer.

I remember
The dead smell of sun on wood cabins,
The stiffness of sails, the long salt winding sheets.
Once one has seen God, what is the remedy?
Once one has been seized up

Without a part left over,
Not a toe, not a finger, and used,
Used utterly, in the sun's conflagrations,
    the stains
That lengthen from ancient cathedrals
What is the remedy?

The pill of the Communion tablet,
The walking beside still water? Memory?
Or picking up the bright pieces
Of Christ in the faces of rodents,
The tame flower-nibblers, the ones

Whose hopes are so low they are comfortable —
The humpback in her small, washed cottage
Under the spokes of the clematis.
Is there no great love, only tenderness?
Does the sea

MÍSTICO

El aire es un molino de garfios:
preguntas sin respuesta
refulgiendo borrachas como moscas
cuyo beso punza insoportable
las matrices fétidas del negro aire bajo los pinos en verano.

Recuerdo
el aroma muerto del sol en las cabañas de madera,
la rigidez de las velas, las largas sábanas marinas ondeando.
Cuando se ha visto a Dios, ¿qué cura hay?
Cuando se ha quedado trabado

sin que quede una sola parte libre,
ni un dedo del pie o de la mano, y usado,
completamente usado, en las conflagraciones del sol,
    las manchas
que se extienden desde las antiguas catedrales,
¿qué cura hay?

¿La pastilla de la Comunión?
¿Pasear junto al agua quieta? ¿La memoria?
¿O recoger los trozos brillantes
de Cristo en los rostros de los roedores,
los que mordisquean mansos las flores, aquellos

cuyas esperanzas son tan pocas que están a gusto:
la joroba en su pequeña y gastada cabaña
bajo los radios de las clemátides?
¿Es que no hay grandes amores, sólo ternura?
¿Recuerda el mar

Remember the walker upon it?
Meaning leaks from the molecules.
The chimneys of the city breathe, the window sweats,
The children leap in their cots.
The sun blooms, it is a geranium.

The heart has not stopped.

a Aquel que caminó sobre sus aguas?
El significado se filtra desde las moléculas.
Los hornos de la ciudad respiran, la ventana suda,
los niños brincan en sus cunas.
El sol florece: es un geranio.

El corazón no se ha detenido.

BY CANDLELIGHT

This is winter, this is night, small love —
A sort of black horsehair,
A rough, dumb country stuff
Steeled with the sheen
Of what green stars can make it to our gate.
I hold you on my arm.
It is very late.
The dull bells tongue the hour.
The mirror floats us at one candle power.

This is the fluid in which we meet each other,
This haloey radiance that seems to breathe
And lets our shadows wither
Only to blow
Them huge again, violent giants on the wall.
One match scratch makes you real.
At first the candle will not bloom at all —
It snuffs its bud
To almost nothing, to a dull blue dud.

I hold my breath until you creak to life,
Balled hedgehog,
Small and cross. The yellow knife
Grows tall. You clutch your bars.
My singing makes you roar.
I rock you like a boat
Across the Indian carpet, the cold floor,
While the brass man
Kneels, back bent, as best he can

A LA LUZ DE UNA VELA

Es el invierno, es la noche, mi amorcito:
una especie de crin negra,
algo rústico, áspero y absurdo
templado con el lustre
de lo que las verdes estrellas pueden traer a nuestra cancela.
Te cojo en brazos.
Es muy tarde.
Las campanas sordas anuncian la hora,
el espejo nos hace flotar con la fuerza de una vela.

Es el fluido donde nos encontramos,
el fulgor de halo que parece respirar
y marchita nuestras sombras
sólo para volver a avivarlas
enormes después, violentos gigantes en la pared.
El frotar de una cerilla te vuelve real.
Al principio, la vela no crece lo más mínimo:
extingue su brote
hasta casi desaparecer, hasta ser una menudencia azul.

Contengo la respiración hasta que chirrías a la vida,
erizo ovillado,
pequeño y fastidioso. El cuchillo amarillo
se extiende hacia arriba. Te aferras a los barrotes.
Mi canto te hace rugir.
Te mezo como una barca
sobre la alfombra india, el suelo frío,
mientras el hombre de latón
se arrodilla, arqueado lo mejor que puede

Hefting his white pillar with the light
That keeps the sky at bay,
The sack of black! It is everywhere, tight, tight!
He is yours, the little brassy Atlas —
Poor heirloom, all you have,
At his heels a pile of five brass cannonballs,
No child, no wife.
Five balls! Five bright brass balls!
To juggle with, my love,
    when the sky falls.

y alza su blanco pilar con la luz
que mantiene el cielo a raya,
¡el fardo de lo oscuro! ¡Está por doquier, y tenso, tenso!
El pequeño atlas de latón es tuyo:
pobre reliquia, todo cuanto posees;
a sus pies, una pila de cinco balas de cañón,
sin hijos, sin esposa.
¡Cinco balas! ¡Cinco brillantes balas de latón!
Para hacer malabarismos con ellas, querido,
    cuando el cielo se derrumbe.

LYONNESSE

No use whistling for Lyonnesse!
Sea-cold, sea-cold it certainly is.
Take a look at the white, high berg on his forehead —

There's where it sunk.
The blue, green,
Grey, indeterminate gilt

Sea of his eyes washing over it
And a round bubble
Popping upward from the mouths of bells

People and cows.
The Lyonians had always thought
Heaven would be something else,

But with the same faces,
The same places...
It was not a shock —

The clear, green, quite breathable atmosphere,
Cold grits underfoot,
And the spidery water-dazzle on field and street.

It never occurred that they had been forgot,
That the big God
Had lazily closed one eye and let them slip

Over the English cliff and under so much history!
They did not see him smile,
Turn, like an animal,

LYONNESSE

¡Es inútil llamar a Lyonnesse!
Está de veras frío, frío como el mar.
Examina ese alto témpano de su frente:

fue allí donde se hundió.
El azul, verde,
gris, imprecisamente dorado

mar de sus ojos anegándolo
y una burbuja redonda
surgiendo de la boca de las campanas,

las personas y las vacas.
Sus habitantes siempre pensaron
que el cielo sería algo distinto,

pero con los mismos rostros,
los mismos lugares...
No fue una sorpresa

la atmósfera cristalina, verde, respirable,
la grava fría bajo los pies,
y la tela de araña del agua brillante en campos y calles.

¡Nunca se les ocurrió que fueran olvidados,
que el gran Dios
cerrase indolente un ojo, los dejara resbalarse

sobre el acantilado inglés y bajo el peso de la historia!
No lo vieron sonreír,
darse la vuelta, como un animal,

In his cage of ether, his cage of stars.
He'd had so many wars!
The white gape of his mind was the real Tabula Rasa.

en su jaula de éter, su jaula estrellada.
¡Tantas guerras había librado!
El blanco estupor de su mente fue la auténtica Tabula Rasa.

THALIDOMIDE

O half moon —

Half-brain, luminosity —
Negro, masked like a white,

Your dark
Amputations crawl and appal —

Spidery, unsafe.
What glove

What leatheriness
Has protected

Me from that shadow —
The indelible buds,

Knuckles at shoulder-blades, the
Faces that

Shove into being, dragging
The lopped

Blood-caul of absences.
All night I carpenter

A space for the thing I am given,
A love

TALIDOMIDA

Oh, media luna

—medio cerebro, resplandor—
negro encapuchado como un blanco,

tus oscuras
amputaciones reptan y se estremecen:

enmarañadas, amenazadoras.
Qué guante,

qué tacto de cuero
me protegió

de esa sombra:
los brotes indelebles,

nudillos en las escápulas, los
rostros que

nos empujan a la vida, arrastrando
la cercenada

membrana sanguínea de las ausencias.
Toda la noche tallo

un espacio para lo que me dieron,
un amor

Of two wet eyes and a screech.
White spit

Of indifference!
The dark fruits revolve and fall.

The glass cracks across,
The image

Flees and aborts like dropped mercury.

de dos húmedos ojos y un grito.
¡Blanco escupitajo

de la indiferencia!
Los oscuros frutos giran y caen.

El espejo se resquebraja,
la imagen

escapa y se aborta cual mercurio derramado.

FOR A FATHERLESS SON

You will be aware of an absence, presently,
Growing beside you, like a tree,
A death tree, colour gone, an Australian gum tree —
Balding, gelded by lightning — an illusion,
And a sky like a pig's backside, an utter lack of attention.

But right now you are dumb.
And I love your stupidity,
The blind mirror of it. I look in
And find no face but my own, and you think that's funny.
It is good for me

To have you grab my nose, a ladder rung.
One day you may touch what's wrong
The small skulls, the smashed blue hills,
    the godawful hush.
Till then your smiles are found money.

PARA UN HIJO SIN PADRE

En breve notarás una ausencia
que crece a tu lado como un árbol,
un árbol de muerte desvaído, un gomero australiano
—pelándose, castrado por el rayo—, un espejismo,
y el cielo como el culo de un cerdo, una total desatención.

Pero ahora mismo eres un tonto.
Adoro tu estupidez,
su espejo ciego. Miro en ella
y no encuentro sino mi rostro, y a ti te hace gracia.
Me gusta

que me agarres la nariz, travesaño de escalera.
Un día tocarás lo incorrecto,
las pequeñas calaveras, las destrozadas colinas azules,
    la espantosa calma.
Hasta entonces tus sonrisas son fortuna imprevista.

LESBOS

Viciousness in the kitchen!
The potatoes hiss.
It is all Hollywood, windowless,
The fluorescent light wincing on and off
    like a terrible migraine,
Coy paper strips for doors —
Stage curtains, a widow's frizz.
And I, love, am a pathological liar,
And my child — look at her, face down on the floor,
Little unstrung puppet, kicking to disappear —
Why she is schizophrenic,
Her face red and white, a panic,
You have stuck her kittens outside your window
In a sort of cement well
Where they crap and puke and cry and she can't hear.
You say you can't stand her,
The bastard's a girl.
You who have blown your tubes like a bad radio
Clear of voices and history, the staticky
Noise of the new.
You say I should drown the kittens. Their smell!
You say I should drown my girl.
She'll cut her throat at ten if she's mad at two.
The baby smiles, fat snail,
From the polished lozenges of orange linoleum.
You could eat him. He's a boy.
You say your husband is just no good to you.
His Jew-Mama guards his sweet sex like a pearl.
You have one baby, I have two.
I should sit on a rock off Cornwall and comb my hair.

LESBOS

¡Crueldad en la cocina!
Las patatas sisean.
Todo Hollywood, sin ventanas,
el fluorescente retorciéndose al parpadear
    como una migraña insufrible,
engañosas tiras de papel usadas como puertas
—telones, pelo crespo de viuda—.
Y yo, amor, soy una mentirosa patológica,
y mi hija —mírala, boca abajo en el suelo,
pequeña marioneta sin cuerdas que patalea para borrarse—
por qué está tan esquizofrénica,
su rostro rojo y pálido da pavor;
has puesto a sus gatitos fuera de la ventana
en una especie de pozo de cemento
donde cagan y vomitan y lloran y ella no puede oírlos.
Dices que no la aguantas,
no aguantas que la cabrona sea una niña.
Tú, tú que has soplado los tubos como una radio estropeada
limpia de voces y de historia, del estático
ruido de lo nuevo.
Me dices que debería ahogar a los gatitos. ¡Huelen mal!
Me dices que debería ahogar a mi hija.
Se cortará la garganta a los diez si con dos años está cabreada.
El crío sonríe, gordo caracol,
desde los pulidos rombos del linóleo naranja.
Podrías comértelo: es niño.
Dices que tu marido sólo no te trata bien.
Su mamá judía guarda su dulce sexo como una perla.
Tienes un crío, yo tengo dos.
Debería sentarme en una roca en Cornwall y peinarme.

I should wear tiger pants,
    I should have an affair.
We should meet in another life,
    we should meet in air,
Me and you.

Meanwhile there's a stink of fat and baby crap.
I'm doped and thick from my last sleeping pill.
The smog of cooking, the smog of hell
Floats our heads, two venomous opposites,
Our bones, our hair.
I call you Orphan, orphan. You are ill.
The sun gives you ulcers, the wind gives you T.B.
Once you were beautiful.
In New York, in Hollywood, the men said:
    'Through?
Gee baby, you are rare.'
You acted, acted, acted for the thrill.
The impotent husband slumps out for a coffee.
I try to keep him in,
An old pole for the lightning,
The acid baths, the skyfuls off of you.
He lumps it down the plastic cobbled hill,
Flogged trolley. The sparks are blue.
The blue sparks spill,
Splitting like quartz into a million bits.

O jewel! O valuable!
That night the moon
Dragged its blood bag, sick
Animal
Up over the harbour lights.

Debería llevar pantalones con estampado de tigre,
    debería tener un lío.
Tú y yo
deberíamos encontrarnos en otra vida,
    encontrarnos en el aire.

Mientras, hay un tufo a grasa y mierda de bebé.
Estoy drogada y torpe del último somnífero.
El esmog de la cocina, el esmog del infierno,
flota sobre nuestras cabezas, dos venenosas oponentes,
nuestros huesos, nuestro pelo.
Te llamo Huérfana, huérfana. Estás enferma.
El sol te produce úlceras, el viento tuberculosis.
Alguna vez fuiste hermosa.
En Nueva York, en Hollywood, los hombres te decían:
    «¿Quieres pasar?
Por Dios, cielo, eres excepcional».
Fingías, fingías, fingías por la emoción.
El marido impotente sale precipitado en busca de un café.
Intento que se quede dentro,
un viejo pararrayos,
baños ácidos, un enorme cielo sobre ti.
Lo deja caer por la colina recubierta de plástico,
tranvía vapuleado. Las chispas son azules.
Las chispas azules se derraman,
desintegrándose cual cuarzo en millones de pedazos.

¡Oh, joya! ¡Oh, bien!
Aquella noche la luna
arrastraba su bolsa de sangre, animal
enfermo
sobre las luces del puerto.

And then grew normal,
Hard and apart and white.
The scale-sheen on the sand scared me to death.
We kept picking up handfuls, loving it,
Working it like dough, a mulatto body,
The silk grits.
A dog picked up your doggy husband. He went on.

Now I am silent, hate
Up to my neck,
Thick, thick.
I do not speak.
I am packing the hard potatoes like good clothes,
I am packing the babies,
I am packing the sick cats.
O vase of acid,
It is love you are full of. You know who you hate.
He is hugging his ball and chain down by the gate
That opens to the sea
Where it drives in, white and black,
Then spews it back.
Every day you fill him with soul-stuff, like a pitcher.
You are so exhausted.
Your voice my ear-ring,
Flapping and sucking, blood-loving bat.
That is that. That is that.
You peer from the door,
Sad hag. 'Every woman's a whore.
I can't communicate.'

I see your cute décor
Close on you like the fist of a baby

Y entonces recobró su tamaño normal,
dura y lejana y blanca.
El brillo de las escamas en la arena me espantó.
Seguimos recogiéndolas a puñados, adorándolas,
amasándolas, un cuerpo mulato,
grava de seda.
Un perro olisqueó a tu esposo perruno, que pasó de largo.

Ahora me quedo en silencio, con odio
hasta el cuello,
espeso, espeso.
No hablo.
Empaqueto las patatas duras como ropa buena,
empaqueto a los críos,
empaqueto a los gatos enfermos.
Oh, jarrón de ácido,
es amor de lo que estás lleno. Sabes bien a quién odias.
Allá abajo él abraza los grilletes, junto a la cancela
que da al mar
adonde lo conduce, blanco y negro,
después lo devuelve de nuevo a la orilla.
Cada día lo llenas con tus asuntos del alma, como a un cántaro.
Estás tan cansada.
Tu voz mi pendiente,
batiendo y chupando, un murciélago ávido de sangre.
Eso es. Eso es.
Fisgas desde la puerta,
vieja arpía. «Todas las mujeres son unas putas.
No logro comunicarme».

Veo tu precioso decorado
cerrarse en torno a ti como el puño de un bebé

Or an anemone, that sea
Sweetheart, that kleptomaniac.
I am still raw.
I say I may be back.
You know what lies are for.

Even in your Zen heaven we shan't meet.

o una anémona, ese amor
del mar, ese cleptómano.
Sigo estando muy verde.
Digo que quizá vuelva.
Ya sabes para qué sirven las mentiras.

Ni siquiera en tu cielo zen nos encontraremos.

THE SWARM

Somebody is shooting at something in our town —
A dull pom, pom in the Sunday street.
Jealousy can open the blood,
It can make black roses.
Who are they shooting at?

It is you the knives are out for
At Waterloo, Waterloo, Napoleon,
The hump of Elba on your short back,
And the snow, marshalling its brilliant cutlery
Mass after mass, saying Shh!

Shh! These are chess people you play with,
Still figures of ivory.
The mud squirms with throats,
Stepping stones for French bootsoles.
The gilt and pink domes of Russia melt
    and float off

In the furnace of greed. Clouds, clouds.
So the swarm balls and deserts
Seventy feet up, in a black pine tree.
It must be shot down. Pom! Pom!
So dumb it thinks bullets are thunder.

It thinks they are the voice of God
Condoning the beak, the claw, the grin of the dog
Yellow-haunched, a pack-dog,
Grinning over its bone of ivory
Like the pack, the pack, like everybody.

EL ENJAMBRE

Alguien le dispara a algo en nuestra ciudad,
un sordo pum, pum en la calle dominical.
Los celos pueden abrir la sangre,
forjar negras rosas.
¿A quién disparan?

Eres tú, Napoleón, a quien los cuchillos
buscan en Waterloo, Waterloo,
la joroba del Elba en tu corta espalda,
y la nieve ordenando su brillante cubertería,
masa tras masa, diciendo «¡Shhh!

¡Shhh!». Estas personas son los peones con los que juegas,
quietas figuras de marfil.
El lodo borbotea en las gargantas,
piedras de paso para las botas francesas.
Las cúpulas doradas y rosas de Rusia se disuelven
    y salen flotando

en la caldera de la codicia. Humo, humo.
Así que el enjambre se ovilla y deserta
a veinte metros, en un pino japonés.
Hay que abatirlo. ¡Pum! ¡Pum!
Es tan idiota que cree que las balas son truenos.

Se cree que son la voz de Dios
que consiente el hocico, la garra, la sonrisa del perro
de patas amarillas, un perro de jauría,
que hace un gesto ante su hueso de marfil
como la jauría, la jauría, como todos.

The bees have got so far. Seventy feet high!
Russia, Poland and Germany!
The mild hills, the same old magenta
Fields shrunk to a penny
Spun into a river, the river crossed.

The bees argue, in their black ball,
A flying hedgehog, all prickles.
The man with grey hands stands under the honeycomb
Of their dream, the hived station
Where trains, faithful to their steel arcs,

Leave and arrive, and there is no end to the country.
Pom! Pom! They fall
Dismembered, to a tod of ivy.
So much for the charioteers, the outriders, the Grand Army!
A red tatter, Napoleon!

The last badge of victory.
The swarm is knocked into a cocked straw hat.
Elba, Elba, bleb on the sea!
The white busts of marshalls, admirals, generals
Worming themselves into niches.

How instructive this is!
The dumb, banded bodies
Walking the plank draped
    with Mother France's upholstery
Into a new mausoleum,
An ivory palace, a crotch pine.

Las abejas han llegado muy lejos. ¡A veinte metros de altura!
¡A Rusia, Polonia y Alemania!
Las suaves colinas, los mismos campos
viejo color magenta se encogen vueltos un penique
lanzado a un río, el río que cruza.

Las abejas discuten en su negra danza,
un erizo que vuela, todo púas.
El hombre de manos grises se coloca bajo el panal
de sus sueños, la estación de colmena
donde los trenes, fieles a sus arcos de acero,

llegan y se van, y el país no tiene límites.
¡Pum! ¡Pum! Caen
desmembradas a un arbusto de hiedra.
¡Demasiado para los aurigas, los pioneros, el Gran Ejército!
¡Un guiñapo rojo, Napoleón!

La última insignia de la victoria.
El enjambre es ampliamente derrotado.
Elba, Elba, ¡ampolla en el mar!
Los blancos bustos de mariscales, almirantes y generales
escabulléndose en los nichos.

¡Qué instructivo es todo!
Los cuerpos mudos, con bandas de honor,
caminan por el tablado decorado con el tapizado
    de la Madre Francia
hacia un nuevo mausoleo,
un palacio de marfil, una horcadura de pino.

The man with grey hands smiles —
The smile of a man of business, intensely practical.
They are not hands at all
But asbestos receptacles.
Pom! Pom! 'They would have killed me.'

Stings big as drawing pins!
It seems bees have a notion of honour,
A black intractable mind.
Napoleon is pleased, he is pleased with everything.
O Europe! O ton of honey!

El hombre de las manos grises sonríe,
la sonrisa de un hombre de negocios, intensamente práctica.
No son manos en absoluto
sino receptáculos de amianto.
¡Pum! ¡Pum! «A mí podrían haberme matado».

¡Aguijones grandes como chinchetas!
Parece que las abejas poseen una cierta idea del honor,
Una mente negra e intrincada.
Napoleón está satisfecho, muy satisfecho con todo.
¡Oh, Europa! ¡Oh, tonelada de miel!

MARY'S SONG

The Sunday lamb cracks in its fat.
The fat
Sacrifices its opacity...

A window, holy gold.
The fire makes it precious,
The same fire

Melting the tallow heretics,
Ousting the Jews.
Their thick palls float

Over the cicatrix of Poland, burnt-out
Germany.
They do not die.

Grey birds obsess my heart,
Mouth-ash, ash of eye.
They settle. On the high

Precipice
That emptied one man into space
The ovens glowed like heavens, incandescent.

It is a heart,
This holocaust I walk in,
O golden child the world will kill and eat.

LA CANCIÓN DE MARÍA

El cordero dominical cruje en su grasa.
La grasa
sacrifica su opacidad...

Una ventana, oro sagrado.
El fuego la vuelve preciosa,
el mismo fuego

que derrite a los herejes de sebo
y expulsa a los judíos.
Sus gruesos paños mortuorios flotan

sobre la cicatriz de Polonia, la Alemania
calcinada.
No mueren.

Pájaros grises me obsesionan el corazón,
ceniza de boca, ceniza de ojo.
Se posan. Sobre el alto

precipicio
que lanzó a un hombre al espacio
los hornos resplandecían cual cielos, incandescentes.

Es un corazón
este holocausto en el que penetro,
oh, niño mimado que el mundo matará y devorará.

THREE WOMEN
A POEM FOR THREE VOICES

Setting: A Maternity Ward and round about

FIRST VOICE:
I am slow as the world. I am very patient,
Turning through my time, the suns and stars
Regarding me with attention.
The moon's concern is more personal:
She passes and repasses, luminous as a nurse.
Is she sorry for what will happen? I do not think so.
She is simply astonished at fertility.

When I walk out, I am a great event.
I do not have to think, or even rehearse.
What happens in me will happen without attention.
The pheasant stands on the hill;
He is arranging his brown feathers.
I cannot help smiling at what it is I know.
Leaves and petals attend me. I am ready.

SECOND VOICE:
When I first saw it, the small red seep,
    I did not believe it.
I watched the men walk about me in the office.
    They were so flat!
There was something about them like cardboard,
    and now I had caught it,
That flat, flat, flatness from which ideas,
    destructions,
Bulldozers, guillotines, white chambers

TRES MUJERES
POEMA PARA TRES VOCES

Escenografía: una sala de maternidad y alrededores

PRIMERA VOZ:
Soy lenta como el mundo. Soy muy paciente,
girando a mi ritmo, los soles y las estrellas
me observan con atención.
La inquietud de la luna es más personal:
pasa y vuelve a pasar, radiante como una enfermera.
¿Lamenta lo que sucederá? No creo,
está sólo pasmada de la fertilidad.

Cuando salgo a caminar, soy un gran acontecimiento.
No necesito pensar, ni ensayar siquiera.
Lo que sucede en mí, sucederá sin llamar la atención.
El faisán se yergue en la colina;
adecenta sus plumas marrones.
No puedo evitar sonreír por todo aquello que sé.
Hojas y pétalos me asisten: estoy lista.

SEGUNDA VOZ:
Cuando vi por primera vez la pequeña secreción roja,
 no me lo creí.
Observaba a los hombres caminar a mi lado en la oficina.
 ¡Eran tan planos!
Había en ellos algo similar al cartón,
 y yo ya lo había captado,
eso que es plano, plano, la planicie de la que las ideas,
 la devastación,
los buldóceres, las guillotinas, las cámaras blancas

of shrieks proceed,
Endlessly proceed — and the cold angels, the abstractions.
I sat at my desk in my stockings, my high heels,
And the man I work for laughed:
'Have you seen something awful?
You are so white, suddenly.' And I said nothing.
I saw death in the bare trees, a deprivation.
I could not believe it. Is it so difficult
For the spirit to conceive a face, a mouth?
The letters proceed from these black keys,
    and these black keys proceed
From my alphabetical fingers, ordering parts,

Parts, bits, cogs, the shining multiples.
I am dying as I sit. I lose a dimension.
Trains roar in my ears, departures, departures!
The silver track of time empties into the distance,
The white sky empties of its promise, like a cup.
These are my feet, these mechanical echoes.
Tap, tap, tap, steel pegs. I am found wanting.

This is a disease I carry home, this is a death.
Again, this is a death. Is it the air,
The particles of destruction I suck up? Am I a pulse
That wanes and wanes, facing the cold angel?
Is this my lover then? This death, this death?
As a child I loved a lichen-bitten name.
Is this the one sin then, this old dead love of death?

THIRD VOICE:
I remember the minute when I knew for sure.
The willows were chilling,

llenas de gritos,
interminables, y los ángeles fríos, las abstracciones, proceden.
Me senté en el escritorio con las medias, los zapatos de tacón,
y el hombre para el que trabajo se echó a reír:
«¿Es que has visto algo espantoso?
Te has puesto muy pálida de repente». Y no dije nada.
Vi muerte en los árboles desnudos, una carencia.
No me lo podía creer. ¿Tan difícil le resulta
al espíritu concebir un rostro, una boca?
Las letras provienen de las teclas negras
    y esas teclas negras provienen
de mis dedos alfabéticos, que disponen partes,

partes, pedazos, piñones, múltiplos resplandecientes.
Muero al sentarme. Pierdo una dimensión.
Los trenes rugen en mis oídos, ¡salidas, salidas!
La plateada pista del tiempo se vacía a lo lejos,
el cielo blanco se vacía de su promesa, como una taza.
Estos son mis pies, estos ecos mecánicos.
Tac, tac, tac, clavijas de acero. Me sorprenden en las ansias.

Es una enfermedad lo que me llevo a casa, una muerte.
Otra vez, es una muerte. ¿Es por el aire,
las partículas de destrucción que absorbo? ¿Soy un latido
que se debilita cada vez más, al enfrentarse al ángel frío?
¿Es mi amante esta muerte, esta muerte?
De niña, adoraba un nombre corroído por los líquenes.
¿Es este el pecado, este viejo y acabado amor a la muerte?

TERCERA VOZ:
Recuerdo el instante en que lo supe de veras.
Los sauces se estremecían,

The face in the pool was beautiful, but not mine —
It had a consequential look, like everything else,
And all I could see was dangers: doves and words,
Stars and showers of gold — conceptions, conceptions!
I remember a white, cold wing.

And the great swan, with its terrible look,
Coming at me, like a castle, from the top of the river.
There is a snake in swans.
He glided by; his eye had a black meaning.
I saw the world in it — small, mean and black,
Every little word hooked to every little word, and act to act.
A hot blue day had budded into something.

I wasn't ready. The white clouds rearing
Aside were dragging me in four directions.
I wasn't ready.
I had no reverence.
I thought I could deny the consequence —
But it was too late for that. It was too late, and the face
Went on shaping itself with love, as if I was ready.

SECOND VOICE:
It is a world of snow now. I am not at home.
How white these sheets are. The faces have no features.
They are bald and impossible, like the faces of my children,
Those little sick ones that elude my arms.
Other children do not touch me: they are terrible.
They have too many colours, too much life. They are not quiet,
Quiet, like the little emptinesses I carry.

el rostro en el estanque era hermoso, pero no mío:
tenía una mirada decisiva, como todo lo demás,
pero todo me resultaba peligroso: palomas y palabras,
estrellas y lluvias doradas, ¡concepciones, concepciones!
Recuerdo un ala blanca y fría

y el cisne enorme, con su terrible apariencia,
como un castillo viniendo hacia mí, desde lo alto del río.
Hay una serpiente en los cisnes.
Se deslizaba; su ojo tenía una oscura intención.
Cada pequeña palabra adosada a cada pequeña palabra,
    y cada acto a otro acto.
Un caluroso día azul se había convertido en algo.

No estaba preparada. Las nubes blancas encabritándose
en los costados me arrastraban en las cuatro direcciones.
No estaba preparada.
No veneraba nada.
Pensé que podía negar las consecuencias,
pero ya era demasiado tarde. Era demasiado tarde y el rostro
siguió conformándose con amor, como si yo estuviera preparada.

SEGUNDA VOZ:
Ahora es un mundo de nieve. No estoy en casa.
Cuán blancas son estas sábanas. Los rostros no tienen rasgos.
Son vanos e insoportables, como los rostros de mis hijos,
esos enfermos que rehúyen mis brazos.
Tampoco me tocan otros niños: son terribles.
Tiene demasiados colores, demasiada vida. No se están quietos,
quietos como el pequeño vacío que acarreo.

I have had my chances. I have tried and tried.
I have stitched life into me like a rare organ,
And walked carefully, precariously, like something rare.
I have tried not to think too hard. I have tried to be natural.
I have tried to be blind in love, like other women,
Blind in my bed, with my dear blind sweet one,
Not looking, through the thick dark, for the face of another.

I did not look. But still the face was there,
The face of the unborn one that loved its perfections,
The face of the dead one that could only be perfect
In its easy peace, could only keep holy so.
And then there were other faces. The faces of nations,
Governments, parliaments, societies,
The faceless faces of important men.

It is these men I mind:
They are so jealous of anything that is not flat!
    They are jealous gods
That would have the whole world flat because they are.
I see the Father conversing with the Son.
Such flatness cannot but be holy.
'Let us make a heaven,' they say.
'Let us flatten and launder the grossness from these souls.'

FIRST VOICE:
I am calm. I am calm. It is the calm
    before something awful:
The yellow minute before the wind walks,
    when the leaves
Turn up their hands, their pallors. It is so quiet here.

Tuve mis oportunidades. Lo intenté una y otra vez.
Me cosí vida por dentro como un órgano inusual
y anduve con cuidado, de manera precaria, como algo inusual.
Traté de no pensar con demasiado ahínco, traté de ser natural.
Traté de ser ciega en el amor, como otras mujeres,
ciega en la cama, con mi dulce y amado ciego,
sin buscar, a través de la densa oscuridad, el rostro de otro.

No miré. Pero el rostro seguía allí,
el rostro del no nacido que amaba sus perfecciones,
el rostro del muerto que sólo podía ser perfecto
en su paz sencilla, sólo así se mantenía sagrado.
Y luego estaban los otros rostros: rostros de naciones,
gobiernos, parlamentos, sociedades,
los rostros sin rostro de los hombres importantes.

Son esos hombres los que me preocupan:
¡sienten tanta envidia de cualquier cosa que no sea plana!
    Son dioses envidiosos
que aplanarían al mundo entero porque ellos lo son.
Veo al Padre hablando con el Hijo.
Una planicie semejante no puede ser sino sagrada.
«Hagamos un cielo», dicen.
«Aplanemos y limpiemos la excrecencia de esas almas».

PRIMERA VOZ:
Estoy tranquila, tranquila. Es la tranquilidad
    que precede a algo terrible:
el momento amarillo antes de que el viento avance,
    cuando las hojas
alzan sus manos, su palidez. Hay tanto silencio aquí.

The sheets, the faces, are white and stopped,
    like clocks.
Voices stand back and flatten.
    Their visible hieroglyphs
Flatten to parchment screens
    to keep the wind off.
They paint such secrets in Arabic, Chinese!

I am dumb and brown. I am a seed about to break.
The brownness is my dead self, and it is sullen:
It does not wish to be more, or different.
Dusk hoods me in blue now,
    like a Mary.
O colour of distance and forgetfulness! —
When will it be, the second when Time breaks
And eternity engulfs it, and I drown utterly?

I talk to myself, myself only, set apart —
Swabbed and lurid with disinfectants, sacrificial.
Waiting lies heavy on my lids.
It lies like sleep,
Like a big sea. Far off, far off,
    I feel the first wave tug
Its cargo of agony toward me, inescapable, tidal.
And I, a shell, echoing on this white beach
Face the voices that overwhelm, the terrible element.

THIRD VOICE:
I am a mountain now, among mountainy women.
The doctors move among us as if our bigness
Frightened the mind. They smile like fools.
They are to blame for what I am, and they know it.

Las sábanas, los rostros, son blancos y están parados
    como relojes.
Las voces retroceden y se adelgazan.
    Sus jeroglíficos visibles
se adelgazan hasta ser pantallas de pergamino
    que resguardan del viento.
¡Pintan tales secretos en árabe, en chino!

Soy muda y oscura. Soy una semilla a punto de romperse.
La oscuridad es mi ser muerto y es lúgubre:
no ansía ser más, ni diferente.
El crepúsculo me emboza de azul ahora,
    como a la Virgen María.
¡Oh, color de la distancia y el olvido!
¿Cuándo llegará el instante en el que el Tiempo se quiebre
y la eternidad lo anegue y yo me ahogue del todo?

Me hablo a mí misma, a mí sola, aislada:
limpia y lívida de desinfectantes, sacrificial.
La espera se asienta pesada sobre mis párpados.
Se asienta como sueño,
como un gran mar. Lejos, lejos,
    siento la sacudida de la primera ola,
su carga de agonía hacia mí, ineludible, como la marea.
Y yo, una concha, resonando en esta blanca playa
me enfrento a las voces que desbordan, al terrible elemento.

TERCERA VOZ:
Ahora soy una montaña entre mujeres montañosas.
Los médicos se afanan entre nosotras como si nuestra gravidez
sobrecogiera. Sonríen necios.
Ellos tienen la culpa de lo que soy, y lo saben.

They hug their flatness like a kind of health.
And what if they found themselves surprised, as I did?
They would go mad with it.

And what if two lives leaked between my thighs?
I have seen the white clean chamber with its instruments.
It is a place of shrieks. It is not happy.
'This is where you will come when you are ready.'
The night lights are flat red moons.
    They are dull with blood.
I am not ready for anything to happen.
I should have murdered this, that murders me.

FIRST VOICE:
There is no miracle more cruel than this.
I am dragged by the horses, the iron hooves.
I last. I last it out. I accomplish a work.
Dark tunnel, through which hurtle the visitations,
The visitations, the manifestations, the startled faces.
I am the centre of an atrocity.
What pains, what sorrows must I be mothering?

Can such innocence kill and kill? It milks my life.
The trees wither in the street. The rain is corrosive.
I taste it on my tongue, and the workable horrors,
The horrors that stand and idle,
    the slighted godmothers
With their hearts that tick and tick,
    with their satchels of instruments.
I shall be a wall and a roof, protecting.
I shall be a sky and a hill of good: O let me be!

Se aferran a su planicie como a una suerte de salud.
Pero ¿qué pasaría si se descubrieran sorprendidos igual que yo?
Se volverían locos.

¿Y si dos vidas se colasen entre mis muslos?
He visto la sala blanca y aseada con sus instrumentos.
Es un lugar de gritos, no es un lugar alegre.
«Allí irás cuando estés lista».
Las luces nocturnas son planas lunas rojas:
    están ahogadas de sangre.
No estoy lista para nada.
Debería haber matado esto que me está matando.

PRIMERA VOZ:
No hay un milagro más cruel que este.
Estoy siendo arrastrada por los caballos, los cascos de hierro.
Lo aguanto, lo aguanto hasta el final: cumplo con la tarea.
Túnel oscuro por el que se precipitan las visitaciones,
las visitaciones, las manifestaciones, los rostros asombrados.
Soy el centro de una atrocidad.
¿Qué dolores, qué penas estaré maternando?

¿Puede tal inocencia matar tanto? Exprime mi vida.
Los árboles se consumen en la calle. La lluvia es corrosiva.
La saboreo en mi lengua y los horrores factibles,
los horrores que se ponen en pie y haraganean,
    las madrinas desdeñadas
con sus corazones que palpitan una y otra vez,
    con sus fundas de instrumentos.
Seré un muro o un tejado, protectores.
Seré un cielo o una colina de bien: ¡oh, dejadme ser!

A power is growing on me, an old tenacity.
I am breaking apart like the world. There is this blackness,
This ram of blackness. I fold my hands on a mountain.
The air is thick. It is thick with this working.
I am used. I am drummed into use.
My eyes are squeezed by this blackness.
I see nothing.

SECOND VOICE:
I am accused. I dream of massacres.
I am a garden of black and red agonies. I drink them,
Hating myself, hating and fearing.
    And now the world conceives
Its end and runs toward it, arms held out in love.
It is a love of death that sickens everything.
A dead sun stains the newsprint. It is red.
I lose life after life. The dark earth drinks them.

She is the vampire of us all. So she supports us,
Fattens us, is kind. Her mouth is red.
I know her. I know her intimately —
Old winter-face, old barren one,
    old time bomb.
Men have used her meanly. She will eat them.
Eat them, eat them, eat them in the end.
The sun is down. I die. I make a death.

FIRST VOICE:
Who is he, this blue, furious boy,
Shiny and strange, as if he had hurtled from a star?
He is looking so angrily!
He flew into the room, a shriek at his heel.
The blue colour pales. He is human after all.

Crece en mí una fuerza, una vieja tenacidad.
Me resquebrajo como el mundo. Está esta negrura,
el embate de la negrura. Junto mis manos en forma de montaña.
El aire es denso, denso con este mecanismo.
Estoy acostumbrada: me han inculcado la costumbre.
Esta negrura estruja mis ojos.
No veo nada.

SEGUNDA VOZ:
Me acusan. Sueño con masacres.
Soy un jardín de negras y rojas agonías. Me las bebo,
odiándome por ello, odiándome y temiéndome.
    Y ahora el mundo engendra
su final y corre hacia él, los brazos tendidos con amor.
Es un amor a la muerte que lo enferma todo.
Un sol muerto mancha el papel del periódico. Es rojo.
Pierdo una vida tras otra. La tierra oscura las absorbe.

Ella es la vampira de todas nosotras. Así que nos alienta,
nos ceba, es amable. Su boca es roja.
La conozco, la conozco muy bien:
viejo rostro invernal, uno viejo y yermo,
    vieja bomba rudimentaria.
Los hombres la han usado vilmente. Los engullirá.
Los engullirá, los engullirá, acabará por engullirlos.
El sol se pone. Muero. Conformo una muerte.

PRIMERA VOZ:
¿Quién es él, este niño azul y feroz,
brillante y extraño, como caído de una estrella?
¡Me parece tan iracundo!
Voló hacia la habitación con un grito en los talones.
El color azul palidece. Después de todo, es humano.

A red lotus opens in its bowl of blood;
They are stitching me up with silk, as if I were a material.

What did my fingers do before they held him?
What did my heart do, with its love?
I have never seen a thing so clear.
His lids are like the lilac-flower
And soft as a moth, his breath.
I shall not let go.
There is no guile or warp in him. May he keep so.

SECOND VOICE:
There is the moon in the high window. It is over.
How winter fills my soul! And that chalk light
Laying its scales on the windows,
    the windows of empty offices,
Empty schoolrooms, empty churches. O so much emptiness!
There is this cessation. This terrible cessation of everything.
These bodies mounded around me now,
    these polar sleepers —
What blue, moony ray ices their dreams?

I feel it enter me, cold, alien, like an instrument.
And that mad, hard face at the end of it, that O-mouth
Open in its gape of perpetual grieving.
It is she that drags the blood-black sea around
Month after month, with its voices of failure.
I am helpless as the sea at the end of her string.
I am restless. Restless and useless. I, too, create corpses.

I shall move north. I shall move into a long blackness.
I see myself as a shadow, neither man nor woman,

Un loto rojo se abre en su cuenco de sangre;
me están cosiendo el cuerpo con seda, como una tela.

¿Qué hacían mis dedos antes de sostenerlo?
¿Qué mi corazón con su amor?
Nunca he visto nada tan claro.
Sus párpados son como lilas
y tierno como una polilla su aliento.
No lo abandonaré.
En él no hay astucia ni falacia. Ojalá que siga así.

SEGUNDA VOZ:
La luna se yergue en el ventanal. Se acabó.
El invierno me llena el alma. Y esa luz caliza
que tiende sus escalas en las ventanas,
    ventanas de oficinas vacías,
aulas vacías, iglesias vacías. ¡Oh, cuánto vacío!
Y este cese, ese terrible cese de todas las cosas.
Estos cuerpos amontonados en torno a mí,
    estos durmientes polares:
¿qué lunar rayo azul hiela sus sueños?

Siento cómo me penetra: frío y ajeno como un instrumento
y ese rostro demente, duro al final, esa boca en «O»
abierta en su bostezo de eterno luto.
Es la luna la que arrastra un mar de sangre negra alrededor
mes tras mes, con sus voces de fracaso.
Estoy tan desamparada como el mar al límite de su cuerda.
Estoy inquieta, inquieta e inútil. Yo también engendro cadáveres.

Me mudaré al norte. Me mudaría a una extensa negrura.
Me veo como una sombra, ni hombre ni mujer,

Neither a woman, happy to be like a man,
    nor a man
Blunt and flat enough to feel no lack.
    I feel a lack.
I hold my fingers up, ten white pickets.
See, the darkness is leaking from the cracks.
I cannot contain it. I cannot contain my life.

I shall be a heroine of the peripheral.
I shall not be accused by isolate buttons,
Holes in the heels of socks,
    the white mute faces
Of unanswered letters, coffined in a letter case.
I shall not be accused, I shall not be accused.
The clock shall not find me wanting, nor these stars
That rivet in place abyss after abyss.

THIRD VOICE:
I see her in my sleep, my red, terrible girl.
She is crying through the glass that separates us.
She is crying, and she is furious.
Her cries are hooks that catch and grate like cats.
It is by these hooks she climbs to my notice.
She is crying at the dark, or at the stars
That at such a distance from us shine and whirl.

I think her little head is carved in wood,
A red, hard wood, eyes shut and mouth wide open.
And from the open mouth issue sharp cries
Scratching at my sleep like arrows,
Scratching at my sleep, and entering my side.
My daughter has no teeth. Her mouth is wide.
It utters such dark sounds it cannot be good.

ni siquiera una mujer contenta de ser como un hombre,
    ni un hombre
lo suficientemente plano y franco como para no sentir una falta.
    Yo siento una falta.
Estiro los dedos, diez blancas estacas.
Mira, la negrura se filtra por las rendijas.
No puedo contenerla, no logro contener mi vida.

Seré una heroína de lo superficial.
No me acusarán los botones sueltos,
los agujeros en los talones de los calcetines,
    los pálidos rostros mudos
de las cartas sin responder, sepultadas en un estuche.
No me acusarán, no podrán acusarme.
El reloj no me encontrará con ganas, tampoco esas estrellas
remachadas en su sitio abismo tras abismo.

TERCERA VOZ:
La veo en mis sueños, mi niña roja y terrible.
Llora a través del cristal que nos separa.
Llora y está furiosa.
Sus llantos son ganchos que persiguen e irritan como gatos
y por los que trepa para reclamar mi atención.
Está llorando a la oscuridad o a las estrellas
que a tanta distancia de nosotros brillan y se arremolinan.

Me parece que su cabecita está tallada en madera,
una madera roja y fuerte, los ojos cerrados
    y la boca de par en par abierta.
Y desde el asunto de la boca brotan llantos afilados
que arañan mi sueño y penetran mi costado.
Mi hija no tiene dientes. Su boca es amplia.
Profiere unos sonidos tan sombríos que no puede ser buena.

FIRST VOICE:
What is it that flings these innocent souls at us?
Look, they are so exhausted, they are all flat out
In their canvas-sided cots, names tied to their wrists,
The little silver trophies
    they've come so far for.
There are some with thick black hair, there are some bald.
Their skin tints are pink or sallow, brown or red;
They are beginning to remember their differences.

I think they are made of water; they have no expression.
Their features are sleeping, like light on quiet water.
They are the real monks and nuns in their identical garments.
I see them showering like stars on to the world —
On India, Africa, America, these miraculous ones,
These pure, small images. They smell of milk.
Their footsoles are untouched. They are walkers of air.

Can nothingness be so prodigal?
Here is my son.
His wide eye is that general, flat blue.
He is turning to me like a little, blind, bright plant.
One cry. It is the hook I hang on.
And I am a river of milk.
I am a warm hill.

SECOND VOICE:
I am not ugly. I am even beautiful.
The mirror gives back a woman without deformity.
The nurses give back my clothes, and an identity,
It is usual, they say, for such a thing to happen.
It is usual in my life, and the lives of others.

PRIMERA VOZ:
¿Qué es aquello que nos asigna a esas almas inocentes?
Mirad, están tan exhaustas, están rendidas
en sus cunas de lona, sus nombres atados a las muñecas,
las pequeñas condecoraciones de plata
    a por las que han venido desde tan lejos.
Hay algunas de un tupido pelo negro, otras del todo calvas.
La tez es rosácea o cetrina, morena o rojiza;
comienzan a considerar sus diferencias.

Parecen hechas de agua, son inexpresivas.
Sus rasgos duermen como la luz sobre el agua quieta.
Son auténticos monjes y monjas idénticos en sus hábitos.
Las veo esparciéndose como estrellas por el mundo,
por India, África, América, estas milagrosas
imágenes puras y pequeñas. Huelen a leche.
Las plantas de sus pies están intactas. Son caminantes del aire.

¿Puede la nada ser tan pródiga?
Este es mi hijo.
Su ojo de par en par abierto es de ese azul corriente y chato.
Se vuelve hacia mí como una pequeña planta ciega, brillante.
Un grito: es el gancho del que cuelgo.
Soy un río de leche,
soy una colina tibia.

SEGUNDA VOZ:
No soy fea: soy incluso hermosa.
El espejo me devuelve a una mujer sin deformidades.
Las enfermeras me devuelven mis prendas y una identidad,
«Es normal», dicen, «que pasen estas cosas».
Es normal en mi vida y en la de las demás.

I am one in five, something like that. I am not hopeless.
I am beautiful as a statistic. Here is my lipstick.

I draw on the old mouth.
The red mouth I put by with my identity
A day ago, two days, three days ago. It was a Friday.
I do not even need a holiday;
    I can go to work today.
I can love my husband, who will understand.
Who will love me through the blur of my deformity
As if I had lost an eye, a leg, a tongue.

And so I stand, a little sightless.
    So I walk
Away on wheels, instead of legs, they serve as well.
And learn to speak with fingers, not a tongue.
The body is resourceful.
The body of a starfish can grow back its arms
And newts are prodigal in legs. And may I be
As prodigal in what lacks me.

THIRD VOICE:
She is a small island, asleep and peaceful,
And I am a white ship hooting: Goodbye, goodbye.
The day is blazing. It is very mournful.
The flowers in this room are red and tropical.
They have lived behind glass all their lives,
they have been cared for tenderly.
Now they face a winter of white sheets,
    white faces.
There is very little to go into my suitcase.

Soy una de cada cinco o algo así. No soy un caso perdido.
Soy hermosa como una estadística. Aquí está mi pintalabios.

Pinto sobre la vieja boca,
una boca roja que abandoné junto a mi identidad
hace un día, dos, hace tres días. Era viernes.
No necesito siquiera un día de descanso,
    hoy mismo puedo ir a trabajar.
Puedo querer a mi marido, que lo entenderá,
que me amará a través del borrón de mi deformidad
como si hubiera perdido un ojo, una pierna, la lengua.

Así que me pongo de pie, una ligera pérdida de visión.
    Así me marcho
con tocones en lugar de piernas; también me sirven.
Y aprender a hablar con los dedos, no con la lengua.
El cuerpo es hábil.
Al cuerpo de una estrella de mar le vuelve a crecer el brazo
y los tritones son pródigos en piernas. Que yo sea
tan pródiga con aquello de lo que carezco.

TERCERA VOZ:
Mi hija es una isla pequeña, dormida y apacible,
yo un barco blanco que ulula: «Adiós, adiós».
El día es abrasador, me llena de aflicción.
Las flores de esta habitación son rojas y tropicales.
Han vivido toda su vida tras un cristal,
han sido cultivadas con ternura.
Ahora se enfrentan a un invierno de sábanas blancas,
    rostros blancos.
Es muy poco lo que cabe en mi maleta.

There are the clothes of a fat woman I do not know.
There is my comb and brush. There is an emptiness.
I am so vulnerable suddenly.
I am a wound walking out of hospital.
I am a wound that they are letting go.
I leave my health behind. I leave someone
Who would adhere to me: I undo her fingers like bandages:
I go.

SECOND VOICE:
I am myself again. There are no loose ends.
I am bled white as wax, I have no attachments.
I am flat and virginal,
    which means nothing has happened,
Nothing that cannot be erased, ripped up and scrapped,
    begun again.
These little black twigs do not think to bud,
Nor do these dry, dry gutters dream of rain.
This woman who meets me in windows — she is neat.

So neat she is transparent, like a spirit.
How shyly she superimposes her neat self
On the inferno of African oranges, the heel-hung pigs.
She is deferring to reality.
It is I. It is I —
Tasting the bitterness between my teeth.
The incalculable malice of the everyday.

FIRST VOICE:
How long can I be a wall, keeping the wind off?

Está llena de la ropa de una mujer gorda a la que no conozco.
Contiene mi peine y mi cepillo, contiene un vacío.
De pronto soy muy vulnerable.
Soy una herida que sale del hospital.
Soy una herida a la que dejar irse.
Dejo atrás mi salud. Dejo a alguien
que se hubiera adherido a mí: desato sus dedos como vendas,
me marcho.

SEGUNDA VOZ:
Vuelvo a ser yo misma. No hay cabos sueltos.
Me he desangrado pálida como la cera, no tengo ataduras.
Vuelvo a ser plana y virginal,
    lo que significa que no ha pasado nada,
nada que no pueda borrarse, arrancado y descartado,
    recomenzado.
Estos pequeños brotes negros no piensan germinar,
tampoco estos canalones sequísimos sueñan ya con la lluvia.
Esta mujer con la que me encuentro en las ventanas es pulcra.

Tan pulcra que es transparente como un espíritu.
Cuán tímidamente superpone su propia pulcritud
al infierno de naranjas africanas, cerdos colgados de las patas.
Remite a la realidad.
Soy yo. Soy yo,
que saboreo la amargura entre mis dientes,
la incalculable malicia de lo cotidiano.

PRIMERA VOZ:
¿Cuánto tiempo más podré ser una pared
    que resguarda del viento?

How long can I be
Gentling the sun with the shade of my hand,
Intercepting the blue bolts of a cold moon?
The voices of loneliness, the voices of sorrow
Lap at my back ineluctably.
How shall it soften them, this little lullaby?

How long can I be a wall around my green property?
How long can my hands
Be a bandage to his hurt, and my words
Bright birds in the sky, consoling, consoling?
It is a terrible thing
To be so open: it is as if my heart
Put on a face and walked into the world.

THIRD VOICE:
Today the colleges are drunk with spring.
My black gown is a little funeral:
It shows I am serious.
The books I carry wedge into my side.
I had an old wound once, but it is healing.
I had a dream of an island, red with cries.
It was a dream, and did not mean a thing.

FIRST VOICE:
Dawn flowers in the great elm outside the house.
The swifts are back. They are shrieking like paper rockets.
I hear the sound of the hours
Widen and die in the hedgerows. I hear the moo of cows.
The colours replenish themselves, and the wet
Thatch smokes in the sun.
The narcissi open white faces in the orchard.

¿Cuánto tiempo más podré seguir
apaciguando el sol con la sombra de mi mano,
interceptando los azules rayos de una luna helada?
Las voces de la soledad, las voces de la tristeza,
me lamen la espalda de manera ineludible.
¿Cómo las calmará este pequeño arrullo?

¿Cuánto tiempo más seré un muro alrededor de mi verde finca?
¿Cuánto tiempo más podrán mis manos
ser una venda para esta herida, y mis palabras
aves radiantes del cielo que consuelan y consuelan?
Es terrible
estar tan abierta: es como si mi corazón
se pusiera un rostro e hiciera su entrada en el mundo.

TERCERA VOZ:
Hoy las universidades están embriagadas de primavera.
Mi toga negra es un pequeño funeral:
muestra que estoy seria.
Los libros que llevo se me incrustan en el costado.
Una vez tuve una vieja herida, pero está cicatrizando.
Una vez soñé una isla, roja de llantos.
Sólo fue un sueño, no significó nada.

PRIMERA VOZ:
Flores del alba bajo el gran olmo en el exterior de la casa.
Los vencejos han vuelto, chillan como cohetes de papel.
Escucho el rumor de las horas
que crece y muere en los setos. Escucho el mugido de las vacas.
Los colores se reavivan y la húmeda
paja humea al sol.
Los narcisos abren sus blancos rostros en el huerto.

I am reassured. I am reassured.
These are the clear bright colours of the nursery,
The talking ducks, the happy lambs.
I am simple again. I believe in miracles.
I do not believe in those terrible children
Who injure my sleep with their white eyes,
    their fingerless hands.
They are not mine. They do not belong to me.

I shall meditate upon normality.
I shall meditate upon my little son.
He does not walk. He does not speak a word.
He is still swaddled in white bands.
But he is pink and perfect. He smiles so frequently.
I have papered his room with big roses,
I have painted little hearts on everything.

I do not will him to be exceptional.
It is the exception that interests the devil.
It is the exception that climbs the sorrowful hill
Or sits in the desert and hurts his mother's heart.
I will him to be common,
To love me as I love him,
And to marry what he wants and where he will.

THIRD VOICE:
Hot noon in the meadows. The buttercups
Swelter and melt, and the lovers
Pass by, pass by.
They are black and flat as shadows.
It is so beautiful to have no attachments!
I am solitary as grass. What is it I miss?
Shall I ever find it, whatever it is?

Estoy serena. Estoy serena.
Son estos los colores brillantes del cuarto de los niños,
los patos locuaces, los corderos felices.
Vuelvo a ser inocente: creo en los milagros,
no en esos niños terribles
que me lastiman el sueño con sus ojos blancos,
  sus manos sin dedos.
No son míos, no me pertenecen.

Meditaré sobre la normalidad.
Meditaré sobre mi hijito.
No camina, no sabe articular una palabra.
Sigue envuelto en pañales blancos
pero es rosado y perfecto. Sonríe con mucha frecuencia.
He empapelado su cuarto con grandes rosas,
lo he pintado todo con pequeños corazones.

No deseo que sea alguien excepcional:
lo excepcional llama al diablo.
Lo excepcional asciende la colina de la tristeza
o se retira al desierto y hiere así el corazón de su madre.
Deseo que sea común,
que me ame como yo lo amo,
y que se case con quien quiera y donde quiera.

TERCERA VOZ:
Cálido mediodía en los prados. Los ranúnculos
se abrasan y derriten y los amantes
ni lo notan.
Son negros y planos como las sombras.
¡Es tan bonito no tener apegos!
Soy tan solitaria como la hierba. ¿Qué es lo que echo en falta?
¿Lo encontraré alguna vez, lo que quiera que eso sea?

The swans are gone. Still the river
Remembers how white they were.
It strives after them with its lights.
It finds their shapes in a cloud.
What is that bird that cries
With such sorrow in its voice?
I am young as ever, it says. What is it I miss?

SECOND VOICE:
I am at home in the lamplight. The evenings are lengthening.
I am mending a silk slip: my husband is reading.
How beautifully the light includes these things.
There is a kind of smoke in the spring air,
A smoke that takes the parks, the little statues
With pinkness, as if a tenderness awoke,
A tenderness that did not tire, something healing.

I wait and ache. I think I have been healing.
There is a great deal else to do. My hands
Can stitch lace neatly on to this material. My husband
Can turn and turn the pages of a book.
And so we are at home together, after hours.
It is only time that weighs upon our hands.
It is only time, and that is not material.

The streets may turn to paper suddenly,
    but I recover
From the long fall, and find myself in bed,
Safe on the mattress, hands braced,
    as for a fall.
I find myself again.
    I am no shadow

Los cisnes se han marchado. Aún el río
recuerda cuán blancos eran.
Se afana en perseguirlos en sus destellos.
Encuentra sus contornos en una nube.
¿Qué pájaro es ese que gime
con una voz tan lastimera?
«Soy más joven que nunca», dice. ¿Qué es lo que echo en falta?

SEGUNDA VOZ:
Estoy en casa a la luz de una lámpara. Las tardes se prolongan.
Estoy zurciendo una combinación de seda: mi esposo lee.
Con cuánta belleza envuelve la luz estas cosas.
Flota una especie de humo en el aire primaveral,
un humo que toma los parques, las pequeñas estatuas
y las tiñe de rosa, como si despertara una ternura,
una ternura que no cansa, algo sanador.

Espero y ansío. Creo que he estado sanándome.
Queda mucho por hacer. Mis manos
pueden coser encajes a esta tela con esmero. Mi esposo
puede pasar una página tras otra de un libro.
Y así estamos juntos en casa, muchas horas.
Sólo es el tiempo el que pesa sobre nuestras manos,
sólo es el tiempo, no es algo material.

Las calles podrían volverse de pronto papel,
    pero yo me recupero
de la larga caída y me encuentro en la cama,
a salvo sobre el colchón, las manos apoyadas
    como esperando una caída.
Me vuelvo a encontrar conmigo misma.
    No soy una sombra

Though there is a shadow starting from my feet.
    I am a wife.
The city waits and aches.
    The little grasses
Crack through stone, and they are green with life.

aunque surja ahora una sombra desde mis pies:
    soy una esposa.
La ciudad aguarda y se duele.
    Las pequeñas hierbas
se abren paso en las piedras, llenas de vida.

ÍNDICE

*Este libro se terminó de editar en Granada
en septiembre de 2025 por*

www.aversopoesia.com
hola@aversopoesia.com